CHRISTINA STEINLEIN creció junto al lago más hermoso del mundo, así es como descubrió su amor por el agua. Estudió Ecología Acuática en la LMU. Fue miembro del equipo editorial docente de la Escuela Alemana de Periodismo (DJS). Vive con su familia en Múnich, cerca del agua nuevamente.

MIEKE SCHEIER nació en un pequeño pueblo entre Osnabrück y Oldenburg. Después de realizar estudios culturales en Friburgo, se mudó a Hamburgo para estudiar ilustración en el HAW. Mieke vive y trabaja como ilustradora autónoma en Hamburgo.

MIXTO
Papel procedente de
fuentes responsables
FSC® C116691

Este libro es amigo del medio ambiente. Se ha prescindido del plastificado y ha sido impreso con tintas exentas de aceites minerales en papel 100% reciclado.

Segunda edición: septiembre 2023
Título del original alemán: *Ohne Wasser geht nichts! Alles über den wichtigsten Stoff der Welt*
Traducción de Paula R.S.
© 2020 Beltz & Gelberg
in der Verlagsgruppe Beltz – Weinheim Basel
© para España y el español: Lóguez Ediciones 2020
Todos los derechos reservados
ISBN: 978-84-121583-6-6
Depósito Legal: S 245-2020
Printed in Spain: Grafo, S.A.
www.loguezediciones.es

MINISTERIO
DE CULTURA
Y DEPORTE

DIRECCIÓN GENERAL DEL LIBRO
Y FOMENTO DE LA LECTURA

Esta obra ha recibido una ayuda a la edición del
Ministerio de Cultura y Deporte

CHRISTINA STEINLEIN
MIEKE SCHEIER

¡SIN agua NADA ES POSIBLE!

TODO SOBRE LA MATERIA MÁS IMPORTANTE DEL MUNDO

Lóguez

SIN AGUA, NOSOTROS NO ESTARÍAMOS AQUÍ.

El agua es la base de toda vida –sin agua, nada funciona. Día tras día, la encontramos en todas partes. La bebemos, lavamos nuestras manos con ella y compramos cosas en las que se encuentra. Frecuentemente, no nos damos cuenta porque nos parece normal que haya agua.

CONSUMIMOS MÁS DE
120 LITROS DE AGUA POTABLE AL DÍA.

Estas son unas 120 botellas de agua:

8
Litros para
beber y cocinar.

24
Litros para
lavarse las manos
y los dientes.

20
Litros para
lavar la ropa.

40 Litros para ducharse.

Además, consumimos
agua para lavar los platos,
para regar las plantas...

40 Litros para el váter.

SIN AGUA, NO FUNCIONA ABSOLUTAMENTE NADA EN EL CUERPO HUMANO.

El cuerpo humano está compuesto, en gran parte, por agua. En los niños pequeños, son unas dos terceras partes; en adultos, menos.

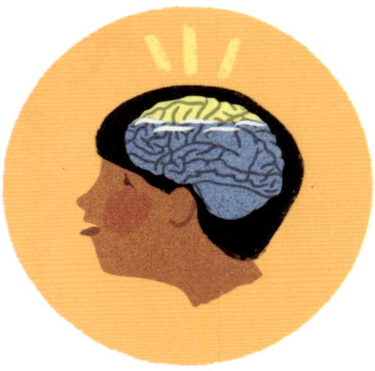

El cerebro está formado de un 70 a un 90 por ciento de agua. Si tenemos sed y no bebemos, se ven afectadas la capacidad de concentración y la memoria. Para que esto no suceda, una parte del cerebro, el hipotálamo, se ocupa de que tengamos sed.

TRANSPORTE

REFRIGERACIÓN

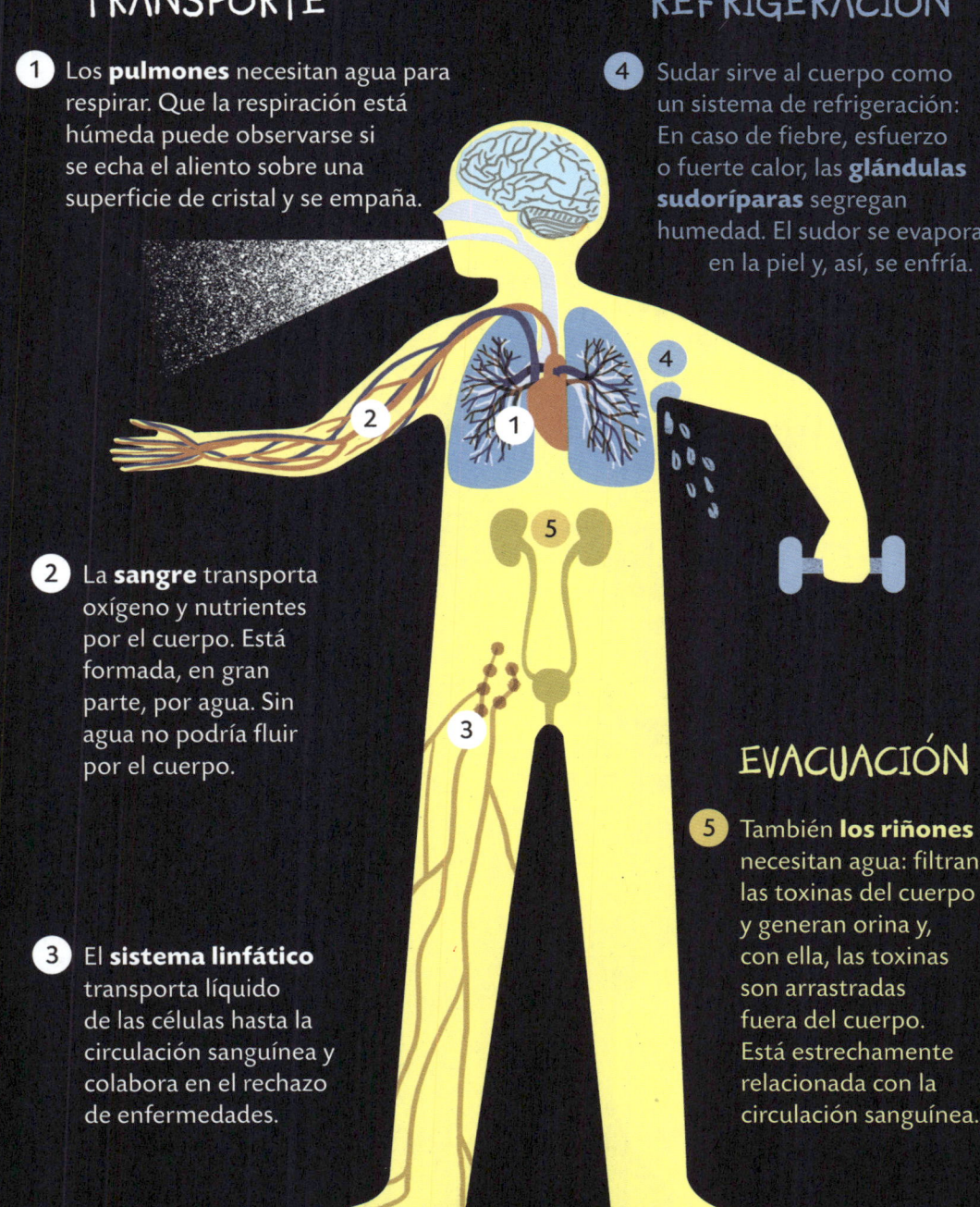

1 Los **pulmones** necesitan agua para respirar. Que la respiración está húmeda puede observarse si se echa el aliento sobre una superficie de cristal y se empaña.

4 Sudar sirve al cuerpo como un sistema de refrigeración: En caso de fiebre, esfuerzo o fuerte calor, las **glándulas sudoríparas** segregan humedad. El sudor se evapora en la piel y, así, se enfría.

2 La **sangre** transporta oxígeno y nutrientes por el cuerpo. Está formada, en gran parte, por agua. Sin agua no podría fluir por el cuerpo.

EVACUACIÓN

5 También **los riñones** necesitan agua: filtran las toxinas del cuerpo y generan orina y, con ella, las toxinas son arrastradas fuera del cuerpo. Está estrechamente relacionada con la circulación sanguínea.

3 El **sistema linfático** transporta líquido de las células hasta la circulación sanguínea y colabora en el rechazo de enfermedades.

LO MÁS LLAMATIVO EN NUESTRO PLANETA ES LA CANTIDAD DE AGUA.

Dos terceras partes de la superficie de la Tierra están cubiertas de agua. El agua hace posible la vida porque sin agua no habría ni plantas ni animales y tampoco personas. Hasta ahora, en ningún otro planeta de nuestro Sistema Solar se han descubierto mares, ríos o lagos.

Casi la totalidad del agua sobre la Tierra (aproximadamente, el 97%) es salada. Solamente el pequeño resto (3%) es agua dulce y, por lo tanto, potable. De ella, la mayoría se encuentra en forma de hielo en glaciares de alta montaña y en el Polo Norte y el Polo Sur. Otra gran parte del agua dulce se oculta como aguas subterráneas bajo la superficie de la Tierra. Ríos y lagos suponen solamente una mínima parte de la totalidad del agua. Eso significa que el agua es muy valiosa, pese a haber tanta sobre la Tierra.

OCÉANO PACÍFICO

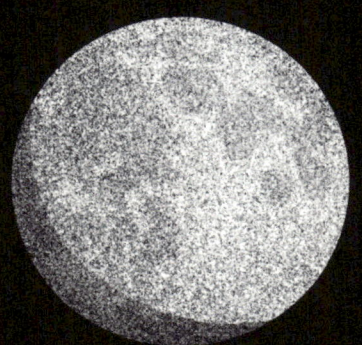

MAR DEL POLO NORTE

OCÉANO
ATLÁNTICO

MAR DEL POLO SUR

¿CÓMO LLEGÓ EL AGUA A LA TIERRA?

Los científicos consideran probable que haya sucedido así: hace unos 4500 millones de años, nuestra Tierra era una bola de fuego en el Universo. La mezcla de varios miles de grados de temperatura contenía también vapor de agua. Pero una gran parte del agua la trajeron cuerpos celestes que impactaron contra la Tierra.

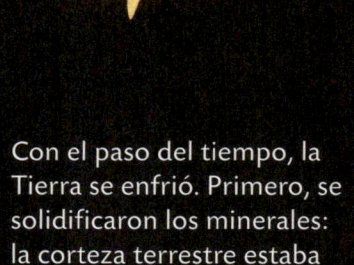

Con el paso del tiempo, la Tierra se enfrió. Primero, se solidificaron los minerales: la corteza terrestre estaba formada, pero era inhóspita debido a su calor.

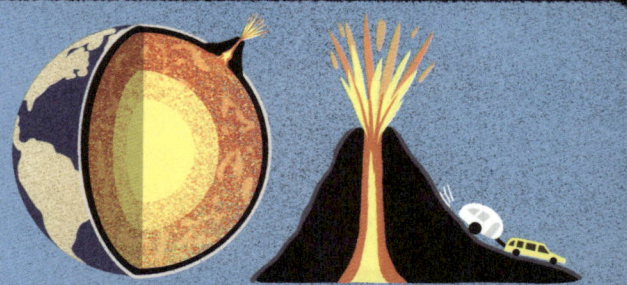

Hasta ahora, en la Tierra hay un núcleo caliente, la lava, que está envuelto por la corteza terrestre. A veces, la lava sale a la superficie por los volcanes.

Una parte del vapor de agua, que había estado rodeado por la corteza terrestre, salió a la atmósfera. La Tierra continuaba enfriándose. En algún momento, el vapor de agua se condensó convirtiéndose en gotas de lluvia. Y llovió y llovió muy intensamente durante mucho tiempo: varias decenas de miles de años. Hasta hoy, gran cantidad de agua se encuentra ligada en el interior de la Tierra, también en las rocas. Se calcula que aproximadamente el triple de agua de la que pueda haber en los océanos.

Además, una y otra vez, impactaron cometas helados y aportaron más agua.

¿CÓMO LLEGÓ LA VIDA A LA TIERRA?

Incluso cuando posteriormente hubo agua en la Tierra, todavía imperaba un gran caos. La radiación desde el Universo hacía inhabitable la corteza terrestre. Esta es una de las causas por la que los investigadores parten de que la vida tuvo que surgir en el agua.

También bajo el agua imperaba el caos: la radiación calentaba la capa superior y el impacto de los rayos hacía que el agua hirviera con regularidad.

Las partículas disueltas en el agua, conectaron entre sí y fueron nuevamente separadas. Así, por casualidad, aparecieron también los **aminoácidos**, de los que está compuesta toda la vida en la Tierra.

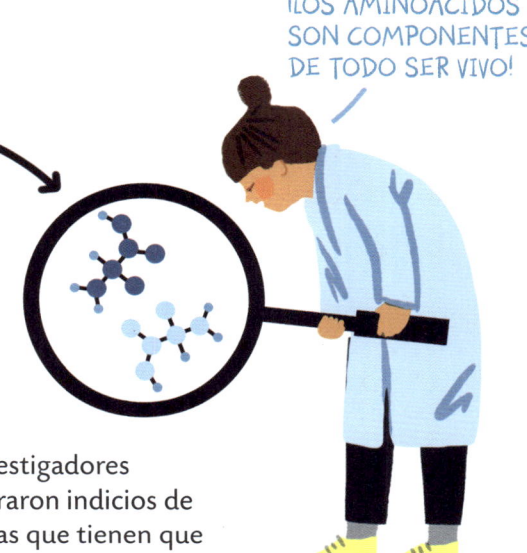

¡LOS AMINOÁCIDOS SON COMPONENTES DE TODO SER VIVO!

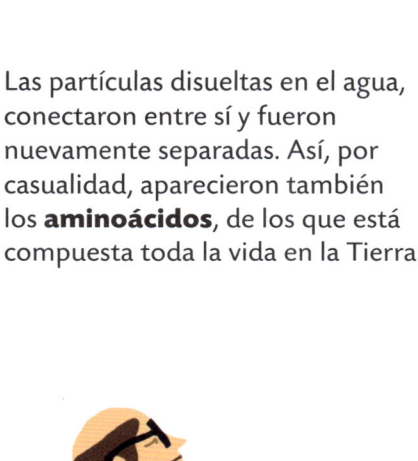

Los investigadores encontraron indicios de bacterias que tienen que haber vivido en la Tierra hace 3500 millones de años: las **cianobacterias**.

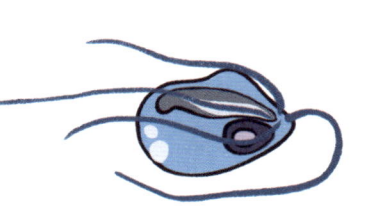

1500 millones de años más tarde se desarrollaron **seres vivos unicelulares** con verdaderos núcleos celulares. También las personas están formadas por muchas pequeñas células.

Después, de los organismos unicelulares, se formaron los pluricelulares, antecesores de las esponjas y medusas actuales. Después de esto, los seres vivos se volvieron cada vez más complejos.

 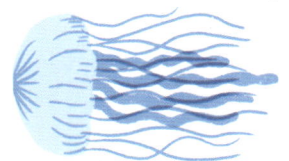

DESDE SIEMPRE, LAS PERSONAS BUSCARON LA PROXIMIDAD DEL AGUA.

Donde hay agua, también se encuentra el alimento porque ahí pueden crecer plantas. Por eso, las personas levantaron sus asentamientos preferentemente a orillas de ríos, lagos y mares.

Las personas comenzaron a criar animales y a cultivar alimentos. El agua era y es indispensable para todo ser vivo.

El agua significaba, a la vez, peligro. Los lugares con agua atraían no solamente a los hombres y a su ganado, sino también a animales que eran peligrosos. En el agua, también muchos animales se movían más rápidos; allí, el hombre era una presa fácil. Además, el agua también trae el peligro de ahogamiento.

EL AGUA TIENE CARACTERÍSTICAS MUY ESPECIALES.

Eso se puede observar en verano en un lago: el agua está relativamente caliente en la superficie.

Si te sumerges, se vuelve fría. Eso es así porque el agua fría es más pesada que el agua caliente y, por ello, desciende, algo propio de todas las materias químicas: si se enfrían, aumentan su peso y su densidad.

Pero el agua no es como la mayoría
de las materias químicas. Si desciende
la temperatura por debajo de los
cuatro grados, entonces el agua se
comporta de forma muy distinta.
Por eso, el lago se invierte de cara al
invierno. Ahora el agua más caliente se
encuentra abajo, esto es cuatro grados
en el fondo, mientras que arriba se
va enfriando cada vez más. Si alcanza
una temperatura de cero grados, la
superficie se congela. Entonces se
podrá patinar en lagos o estanques.
El hielo forma una capa protectora
en las aguas, y la totalidad de la vida
y el ajetreo de debajo mantienen
su tranquilidad hasta la próxima
primavera.

EL AGUA SE ABREVIA CON UNA FÓRMULA QUÍMICA: H_2O.

El agua está formada de hidrógeno y oxígeno. A una partícula de oxígeno se le adhieren dos de hidrógeno. ¡El fundamento del agua está listo! Se le llama también **molécula de agua**.

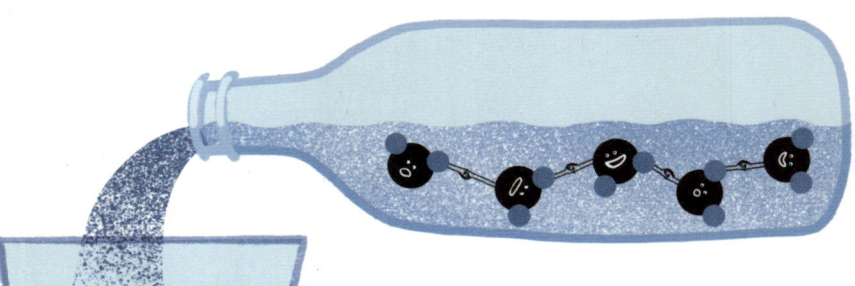

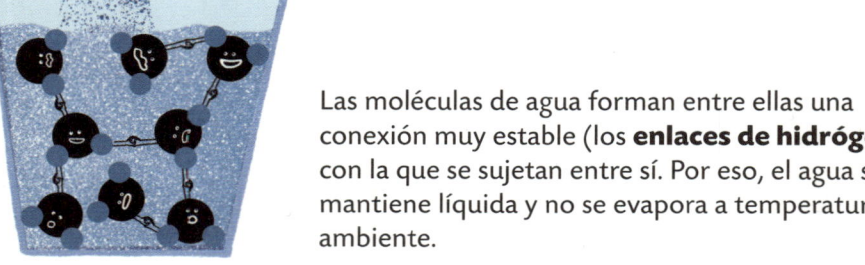

Las moléculas de agua forman entre ellas una conexión muy estable (los **enlaces de hidrógeno**), con la que se sujetan entre sí. Por eso, el agua se mantiene líquida y no se evapora a temperatura ambiente.

EL AGUA PUEDE TENER TRES ESTADOS DIFERENTES.

Si se calienta agua por encima de los 100 grados, hierve y se convierte en vapor.

Hasta los 100 grados es líquida y es lo que conocemos como agua.

Con 0 grados y menos, el agua se congela y se vuelve sólida. Entonces es hielo.

EN LA TIERRA, HAY DIFERENTES CLASES DE AGUA.

En la naturaleza, aparece como agua salada y agua dulce. Dentro del agua dulce, distinguimos entre agua corriente y agua estancada. Cada una de ellas ofrece un espacio vital para distintas plantas y animales.

Los **lagos** son grandes superficies de agua estancada, rodeadas de tierra.

Los **mares** son masas de agua que, en parte, están rodeadas de tierra, como el Mar Mediterráneo o el Mar Báltico. Las gigantescas superficies de agua entre los continentes se llaman **océanos**: El Atlántico, el Pacífico y el Índico son los tres grandes océanos.

Un **arroyo** es un pequeño río.

Una **charca** se seca regularmente.

Un río desemboca en una **corriente de agua** mayor, que fluye hasta el mar.

Una **laguna** es pequeña, no muy profunda y tiene una entrada y una salida de agua.

Un **estanque** es pequeño y tampoco es profundo, pero no tiene entrada ni salida de agua.

EL AGUA ESTÁ REPARTIDA EN LA TIERRA MUY DESIGUALMENTE.

En las zonas de **clima templado**, caen precipitaciones en todas las estaciones del año.

Los **trópicos** se encuentran en las zonas más calurosas de la Tierra.

En algunas zonas tropicales no llueve durante meses.

En otras regiones tropicales de la Tierra, llueve con intensidad durante todo el año, donde crece la selva tropical.

Las **zonas polares** son desiertos helados.

¿QUÉ RELACIÓN TIENE EL AGUA CON EL TIEMPO?

Los vientos empujan a las nubes de aquí para allá. Por eso, las corrientes de aire determinan dónde hay precipitaciones. Cerca de la costa, llueve con más frecuencia que tierra adentro. Las nubes se quedan colgadas de las montañas según la dirección del viento. Frecuentemente llueve mucho más en un lado de las montañas que en el otro.

También los mares influyen en el tiempo: actúan como gigantescos sistemas de aire acondicionado. En los meses calurosos, absorben calor y lo almacenan. Así refrescan su entorno. En fases frías, se desprenden nuevamente del calor.

La **Corriente del Golfo**, por ejemplo, lleva agua caliente del Ecuador hasta el norte de Europa. Para los países del norte, actúa como una calefacción. Noruega tiene, gracias a ella, veranos calurosos. Groenlandia se encuentra aproximadamente en la misma latitud, pero está casi siempre cubierta por una capa de hielo.

EUROPA

GOLFO DE MÉXICO

EN ALGUNOS LUGARES, CASI NUNCA NIEVA NI LLUEVE.

En el **desierto de Atacama** en Chile, extremadamente seco, caen en término medio unos 0,1 mililitros de lluvia al año. En Europa llueve mucho más.

 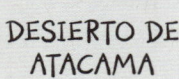  

DESIERTO DE ATACAMA   SÁHARA   EUROPA

Cada seis y hasta cada diez años, el fenómeno climático El Niño trae tempestuosos aguaceros. Se muestra, entonces, que la vida allí está al acecho por todas partes y únicamente espera al agua: de pronto, crecen unas 200 clases de plantas, el desierto florece azul, amarillo y violeta.

En la mayor parte de la **Antártida**, puede verse nieve y hielo hasta donde alcanza la vista. Sin embargo, aproximadamente un dos por ciento de la Antártida son valles secos, que están libres de hielo desde hace millones de años. Los huracanes soplan sobre la superficie hasta a 320 kilómetros por hora y raramente traen algo de nieve de los glaciares. En invierno, las temperaturas llegan a alcanzar hasta los -50 grados Celsius; en verano, raramente ascienden hasta los -10 grados Celsius.

El **Sáhara** es el desierto más grande. Aun así, allí llueve por término medio de 25 a 45 mililitros al año. Pero es suficiente para la vida de muy pocas plantas y animales. Además, el Sáhara tiene oscilaciones de temperaturas extremas. Por el día, en verano el calor alcanza hasta 60 grados Celsius; en invierno descienden las temperaturas, en ocasiones, de noche hasta -10 grados Celsius.

LAS PERSONAS YA HAN HECHO MUCHOS CAMBIOS EN NUMEROSOS LUGARES.

El **Mar de Aral**, en Asia Central, fue uno de los mares más importantes de la Tierra. Recibe su agua principalmente de dos ríos, de los que la gente, desde hace decenios, toma grandes cantidades de agua para el riego de los campos.

1960

HOY

Como consecuencia, solamente desde los años sesenta hasta 1997, el nivel del agua descendió 18 metros. Desde entonces, el Mar de Aral se ha ido reduciendo cada vez más. Antiguas ciudades portuarias, balnearios y lugares costeros se encuentran en medio del desierto, a más de 100 kilómetros de distancia de las actuales orillas.

La ciudad de **Dubai** se encuentra a orillas del mar rodeada de desiertos. Antiguamente, las personas vivían de la pesca y del comercio con perlas. Pero se descubrió petróleo y muchos se hicieron ricos.

Actualmente, hay campos de golf, parques y paisajes acuáticos y fuentes espectaculares. El agua procede principalmente de instalaciones que retiran la sal del agua de mar, las desalinizadoras. El consumo de energía es gigantesco. Para conseguirla, las empresas operadoras necesitan quemar mucho gas.

En Dubai, incluso se puede esquiar en una gran nave, que se mantiene a 2 grados bajo cero con nieve artificial.

ANTIGUAMENTE, MUCHAS COSAS ERAN DIFERENTES.

Antiguamente, vivían muchas menos personas en la Tierra. Sin embargo, en la actualidad la población mundial crece constantemente. De ahí que el consumo de agua sea mucho más alto. Además antes la gente vivía más modestamente y consumía mucha menos agua. No se regaban los campos y los campesinos tenían que conformarse con cosechas más escasas. Si no caía suficiente lluvia, las plantas se secaban.

No existía el váter con cisterna. La gente utilizaba letrinas.

FOSA SÉPTICA

Apenas si había agua corriente. Y si la había, era fría. El día de baño, la gente calentaba el agua en la cocina o en la estufa, lo que tardaba horas. Como era laborioso, los miembros de la familia se bañaban uno tras otro en la misma agua.

La ropa solamente se lavaba una vez al mes. Era un duro trabajo, casi siempre realizado por las mujeres.

Sobre una estufa para lavar, la ropa se ponía a remojo en agua hirviendo.

A continuación, la ropa se frotaba en la tabla de lavar con jabón natural para quitar la suciedad.

Finalmente se aclaraba en un barreño con agua limpia.

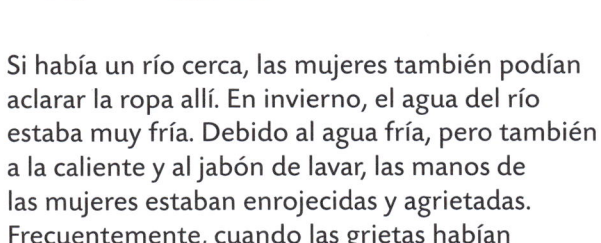

Si había un río cerca, las mujeres también podían aclarar la ropa allí. En invierno, el agua del río estaba muy fría. Debido al agua fría, pero también a la caliente y al jabón de lavar, las manos de las mujeres estaban enrojecidas y agrietadas. Frecuentemente, cuando las grietas habían terminado de curar, volvía a ser día de lavado.

EN REALIDAD, EN LA TIERRA NO SE PIERDE AGUA.

El agua se desplaza y está siempre presente en alguna parte: en el subsuelo, en el aire o en la superficie de la Tierra.

Con el calor, el agua se evapora de la superficie de los ríos, lagos, mares y océanos. El vapor invisible del agua asciende muy alto, enfriándose al hacerlo y almacenándose como gotas de agua. Muchas gotas de agua juntas forman una nube, que se va haciendo más grande y oscura. Cuando es demasiado pesada, entonces llueve.

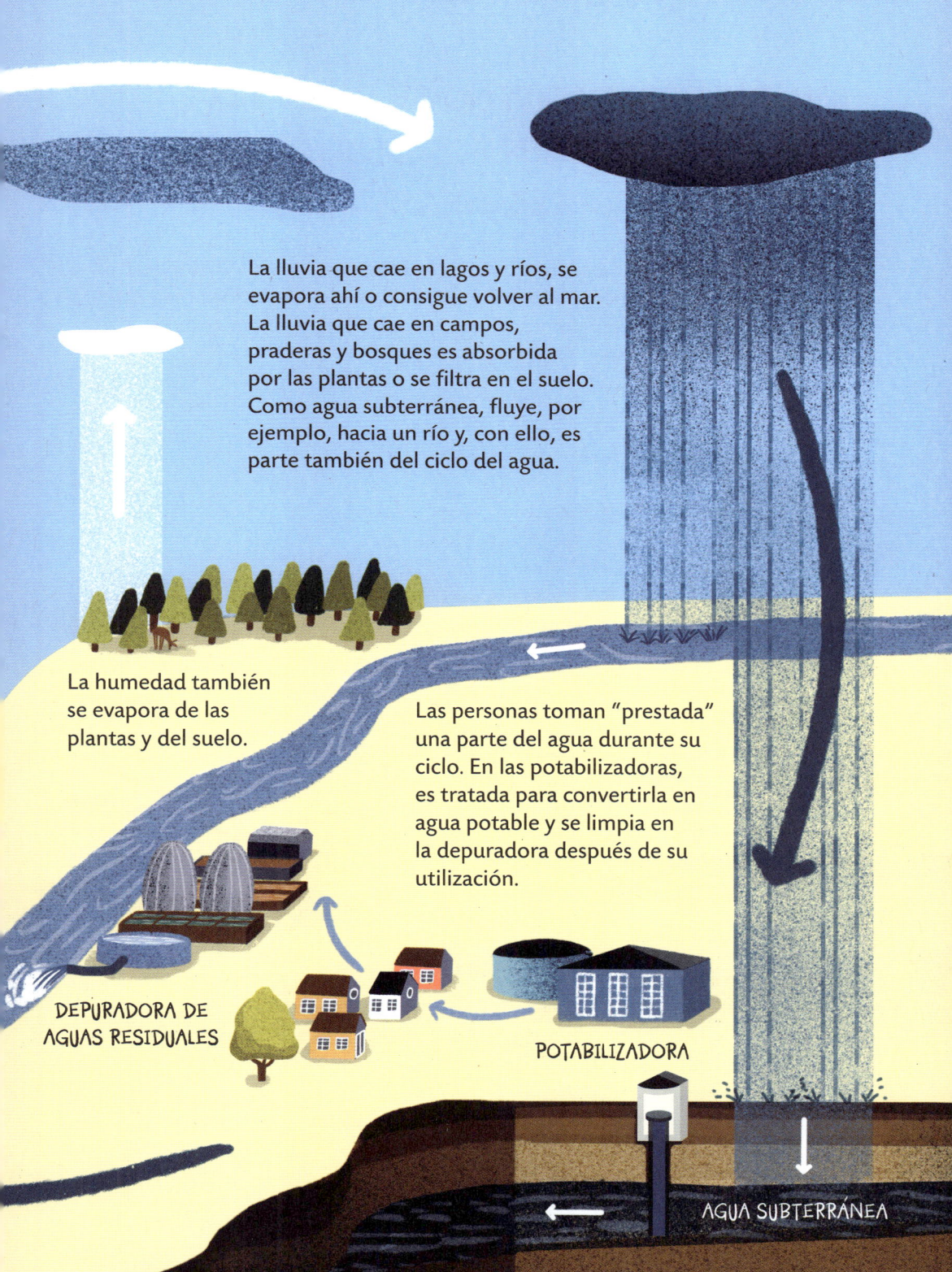

La lluvia que cae en lagos y ríos, se evapora ahí o consigue volver al mar. La lluvia que cae en campos, praderas y bosques es absorbida por las plantas o se filtra en el suelo. Como agua subterránea, fluye, por ejemplo, hacia un río y, con ello, es parte también del ciclo del agua.

La humedad también se evapora de las plantas y del suelo.

Las personas toman "prestada" una parte del agua durante su ciclo. En las potabilizadoras, es tratada para convertirla en agua potable y se limpia en la depuradora después de su utilización.

DEPURADORA DE AGUAS RESIDUALES

POTABILIZADORA

AGUA SUBTERRÁNEA

UNA PARTE DEL AGUA NO SE PUEDE VER AL ENCONTRARSE EN EL SUBSUELO: ES EL AGUA SUBTERRÁNEA.

Ha llegado hasta ahí debido a que la lluvia se filtra en la tierra. Allí donde el agua encuentra una capa impermeable como la arcilla, se acumula. Según sea el suelo, el agua se filtra a veces rápidamente y, a veces, muy, muy lentamente. Fluye a través de la tierra, de capas de grava y arena e incluso de rocas.

El agua es bombeada a la superficie allí donde viven personas para que la puedan utilizar. En algunos lugares más del 70 por ciento del agua potable procede de aguas subterráneas.

POTABILIZADORA

RÍO

AGUA SUBTERRÁNEA

AGUA SUBTERRÁNEA FLOTANTE

También el agua subterránea se mueve frecuentemente en dirección a un arroyo o a un río

El agua subterránea fluye con
frecuencia a través de pequeñas
grietas. En las montañas, hay
incluso pasadizos subterráneos
y cuevas por las que se precipita
ruidosamente.

EN LA POTABILIZADORA, EL AGUA ES TRATADA PARA HACERLA POTABLE.

Algunas potabilizadoras toman el agua de ríos y lagos, pero, con frecuencia, procede de aguas subterráneas:

1 Las **bombas** impulsan el agua desde las profundidades hacia la superficie.

2 En el **tanque de aireación**, el agua en bruto es mezclada con aire, volviéndose más limpia.

3 A continuación, el agua pasa a través de **varias capas de arena**. Las partículas de suciedad se quedan atrapadas como en una criba.

4 En los **depósitos de agua limpia**, se almacena el agua ya tratada. Así, por la mañana temprano, hay agua para todos cuando mucha gente se ducha a la vez.

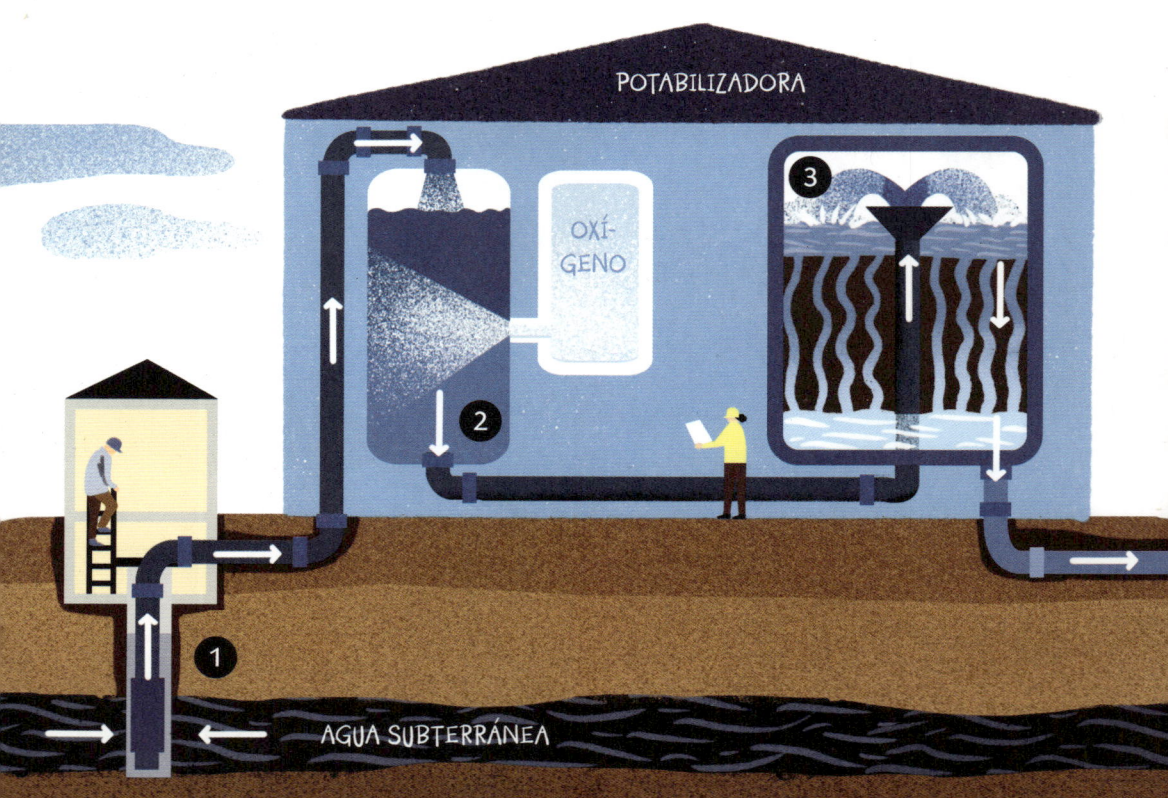

En el laboratorio se analiza si el agua está verdaderamente limpia. A veces, se le añade ozono o cloro para una limpieza complementaria.

En los depósitos de agua limpia, hay que llevar ropa de protección para impedir que alguna bacteria pueda llegar al agua limpia.

4 DEPÓSITO DE AGUA LIMPIA

Desde aquí, el agua limpia es distribuida a las casas por medio de tuberías.

POTABILIZADORA

DEPÓSITO DE
AGUA LIMPIA

FUENTE

1 El agua subterránea es tratada en la
potabilizadora, donde se almacena y desde
donde se envía a la red de abastecimiento.

Los hidrantes son accesos
públicos al agua, en los que
los bomberos pueden
enchufar sus mangueras
cuando tienen que apagar
un incendio.

2 El agua fluye por la
red de distribución
a todas las casas y
hacia los hidrantes.

5 Si los depósitos de agua limpia están a más altura que los edificios a los que se suministra el agua, la presión del agua alcanza también los pisos más altos. Si las casas están más altas, se necesitan bombas suplementarias.

TUBERÍA ASCENDENTE

3 A través de una tubería subterránea, el agua fluye hasta la conexión de la casa.

4 La cañería de subida lleva el agua del sótano hacia arriba. Cada piso tiene una red de distribución con un tubo de alimentación.

¿Y QUÉ SUCEDE CON EL AGUA SUCIA?

¡ADIÓS!

En este codo siempre hay agua, que impide que los olores de la canalización lleguen a la vivienda.

Las tuberías de desagüe transportan el agua utilizada y sucia a la canalización de aguas residuales. A veces, las tuberías de desagüe para la lluvia y el agua sucia están separadas; otras, fluyen por el mismo conducto.

Las aguas residuales fluyen en la **depuradora**, que limpia el agua en múltiples pequeños pasos.

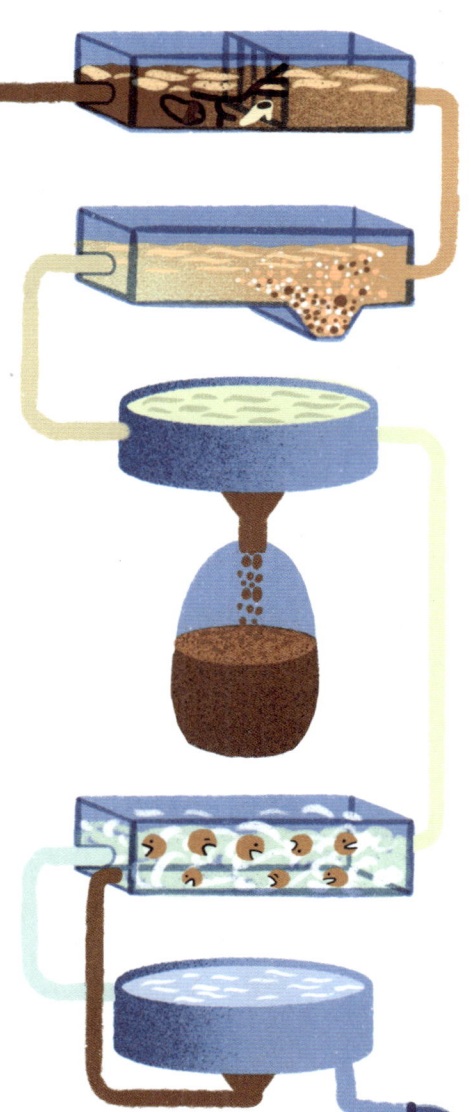

1 Las **rejillas** atrapan la mayor suciedad de las aguas residuales.

2 En el **tamiz de arena**, quedan retenidos la arena, pequeñas piedras y trozos de cristal.

3 En la **balsa de decantación**, otras materias sólidas se depositan en el fondo. El llamado lodo primario es dirigido a la torre de descomposición.

4 En la **torre de descomposición**, continúan pudriéndose los restos. Al hacerlo, se genera gas que es quemado.

5 En el **estanque de aireación**, pequeños seres vivos como las bacterias devoran la suciedad que todavía queda en el agua.

6 En el **tanque de depuración**, se separa el lodo con las bacterias, desde donde es bombeado de nuevo al tanque de aireación.

7 El agua depurada es dirigida a aguas próximas y así pasa a ser nuevamente parte del ciclo del agua.

LA MAYOR PARTE DEL AGUA ES UTILIZADA EN LA AGRICULTURA.

En todo el mundo, aproximadamente el 70% del agua corre por los campos de cultivo. Allí donde apenas llueve, los campos tienen que ser regados artificialmente. Para ello, se construyen canales de riego que consumen mucha agua.

En otros lugares llueve con regularidad, de forma que las tierras de cultivo necesitan ser regadas muy poco. Aquí, se consume mucha menos agua.

EL AGUA SE ENCUENTRA EN CASI TODAS LAS COSAS.

Claro que las plantas y los animales necesitan agua. Pero, independientemente de lo que compremos, ningún producto puede prescindir del agua.

Con frecuencia, las materias primas como los metales o el carbón tienen que ser primero extraídas de la tierra, proceso que ya necesita agua. Después, esas materias primas tienen que ser tratadas, con el fin de que puedan ser utilizadas para productos: sin metal o plástico, por ejemplo, no habría ni móviles ni coches.

Pero también necesitamos agua para objetos como, por ejemplo, las prendas de vestir.

El agua que se necesita para la fabricación de esas cosas se llama "agua virtual" porque no se la puede ver, pero se necesita para la producción. Y eso también significa que cuantas más cosas poseamos, más agua consumimos.

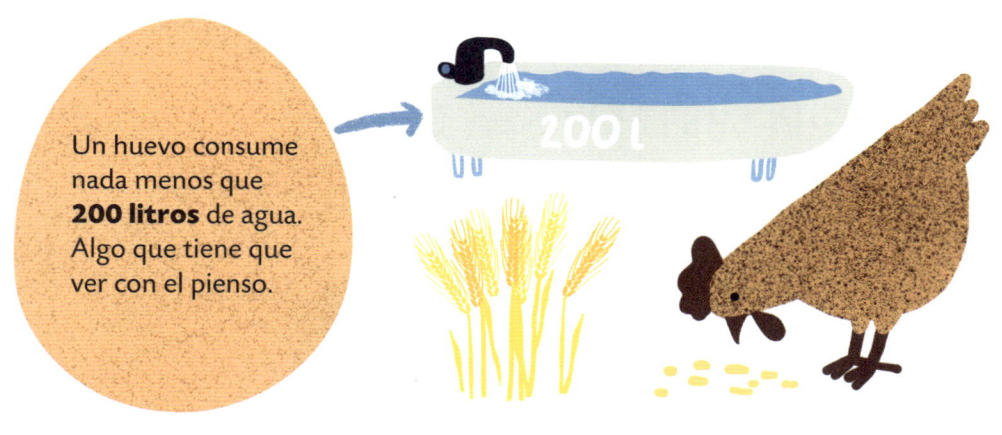

Un huevo consume nada menos que **200 litros** de agua. Algo que tiene que ver con el pienso.

200 L

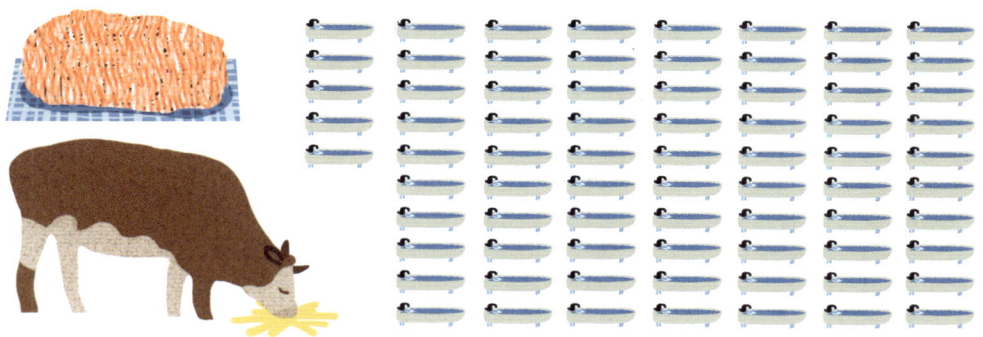

En un kilo de carne de vacuno hay más de **15 000 litros** de agua. Algo así como 75 bañeras llenas.

¡WOW!

La producción de unos vaqueros puede consumir más de **11 000 litros**. Eso es más de lo que cabe en una piscina normal de jardín.

A VECES, LAS PERSONAS CONSUMEN MÁS AGUA SUBTERRÁNEA DE LA QUE PUEDE FLUIR.

Normalmente, el agua que utilizan las personas regresa al ciclo del agua, por lo que la cantidad de agua subterránea se mantiene igual. Pero si las personas consumen demasiada agua, desciende el nivel del agua subterránea, lo que trae malas consecuencias. Con frecuencia, es suficiente unos pocos centímetros para que las plantas con raíces superficiales ya no puedan ser abastecidas con agua.

AGUA SUBTERRÁNEA

Si continúa descendiendo el nivel del agua subterránea, se secan las **fuentes de agua potable**. Además los árboles pierden demasiado pronto sus hojas, crecen peor e incluso mueren.

La **agricultura** necesita más agua para el riego por aspersores desde arriba. Como quiera que la toma del agua subterránea se hace desde arriba, el problema se agudiza.

La calidad del agua puede empeorar. Ciertamente, la cantidad de agua desciende pero las **sustancias dañinas** no lo hacen.

Si el suelo se seca, el subsuelo terminará cediendo y el suelo se hundirá. Las casas y las calles se **agrietarán**.

¿A QUIÉN LE PERTENECE EL AGUA?

YO NECESITO AGUA PARA MI FÁBRICA

YO NECESITO ABONAR. NO PUEDO TENER EN CUENTA EL AGUA SUBTERRÁNEA.

¿QUÉ CULPA TENGO YO SI VUELCA MI CAMIÓN CISTERNA?

¡CREO QUE ALGO NO ESTÁ BIEN! TENEMOS QUE PROTEGER LAS AGUAS

Para que, en lo posible, mucha gente tenga agua durante mucho tiempo, existe la **Ley de Aguas**. Fija cómo está permitido utilizar el agua subterránea, el agua de lagos, ríos y costas, pero también cómo tiene que ser protegida. Con frecuencia, la gente termina enfrentándose por ello. Unos quieren ganar dinero; otros, conservar los recursos de la Tierra para que se beneficie mucha gente.

¡AJÁ!

Desde siempre, las personas se han enfrentado por el agua. Antiguas tablas de arcilla muestran cómo los habitantes de dos ciudades, que se encuentran en el actual Irak, se enfrentaron hace ya más de 4000 años por el agua. Ambas utilizaban el agua del río Tigris para regar sus tierras. Cada una de las partes consideraba que la otra consumía demasiada agua.

La población mundial crece y cuantas más personas necesiten agua, con más frecuencia se producirán los conflictos. Las Naciones Unidas (ONU) aprobaron en el 2014 un acuerdo global que regula el uso de las aguas internacionales. En él se dice, por ejemplo, que, en lo posible, el agua debe ser repartida justa y razonablemente. Lo que significa "justa" eso tiene que ser determinado en cada caso concreto. Naturalmente, hay muchas disputas al respecto.

A VECES, EL AGUA ESCASEA.

Imagínate que abres el grifo del agua y no sale ni una sola gota. En algunos países, eso hoy ya es realidad.
Los expertos llaman **"Day Zero"** al día en el que el agua sea cortada. Entonces, las provisiones serán tan escasas que no podrá repartirse nada de agua a las personas.

Cuando esto sucede, los camiones cisterna traen pequeñas cantidades de agua potable a los vecinos.

Los más amenazados son aquellos lugares muy secos y donde llueve muy poco, sobre todo en la India, donde vive mucha gente, pero también gran parte de México, el norte de África y Oriente Próximo, por ejemplo Israel.

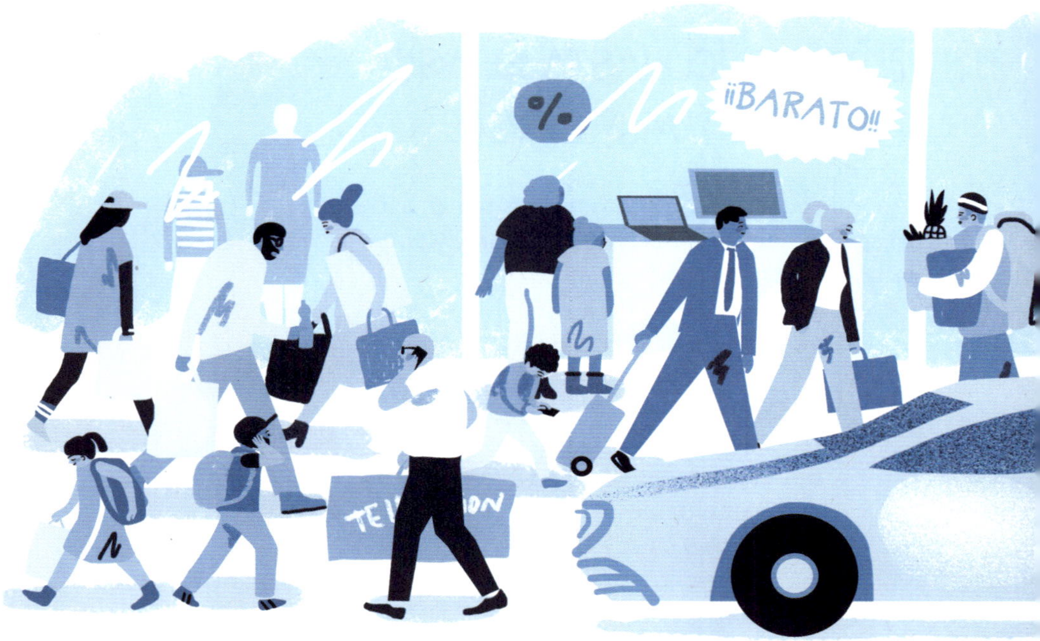
¡¡BARATO!!
TELEVISION

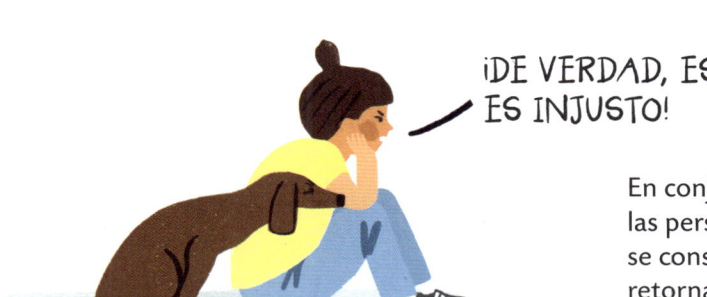

La escasez de agua se acentúa debido al estilo de vida de las personas en los países ricos. Da igual lo que compremos, ya sean comestibles, móviles, juegos o ropa: todos los productos consumen agua en su producción. Cuanto más compre la gente, más agua se consume. En el país de origen de la producción, se saca agua del ciclo del agua. Si allí no llueve suficientemente, el nivel del agua subterránea desciende cada vez más hasta que las personas terminan no teniendo ningún medio de subsistencia.

¡DE VERDAD, ESTO ES INJUSTO!

En conjunto, una cuarta parte de las personas vive en lugares donde se consume más agua de la que retorna al ciclo natural del agua.

EL CAMINO HASTA EL AGUA PUEDE SER MUY LARGO.

Aunque la mayoría de las personas tienen acceso al agua potable en las cercanías de su vivienda, esto no es tan evidente.

Todavía hoy, mucha gente en el mundo bebe agua directamente de lagos, ríos o canales.

Otros, se abastecen de pozos.

Con frecuencia, tienen que caminar kilómetros, algo que es especialmente duro para los niños. Si van a buscar agua para ellos y su familia, les queda muy poco tiempo para jugar o ir a la escuela.

Más de dos mil millones de personas no tienen aseo como en nuestras casas para evacuar las excreciones. Utilizan letrinas o similares que, cuando llueve, se desbordan y la inmundicia se extiende por todas partes, alcanzando también los pozos del agua. Así, las enfermedades se extienden rápidamente, lo que afecta especialmente a los niños. Todos los años, muchos niños y niñas mueren como consecuencia de las diarreas.

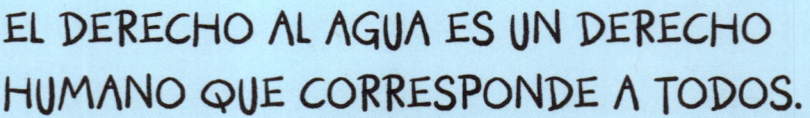

EL DERECHO AL AGUA ES UN DERECHO HUMANO QUE CORRESPONDE A TODOS.

Sin embargo, ricos empresarios compran terreno con fuentes, pozos y agua subterránea en distintos lugares del mundo para decidir sobre esas aguas y poder ganar dinero.

AHORA ESTE POZO ME PERTENECE, PERO PODÉIS COMPRAR MI AGUA. SÓLO QUE ES MUY CARA.

Esto golpea duramente, sobre todo a los países que sufren sequías con frecuencia. Entonces, el agua ya no pertenece a las ciudades y a los municipios, sino a un particular o a una empresa, algo que a menudo es malo para la población: el precio del agua sube extremadamente.

56

En Cochabamba, Bolivia, se subió el precio del agua, después de la privatización, en un 300%, lo que enfureció tanto a la gente que el gobierno nacionalizó de nuevo más tarde el abastecimiento del agua.

EL AGUA ES PARA TODOS

¡EL AGUA ES NUESTRA!

Algunas empresas ahorran costes en la ampliación de la red de abastecimiento. Por eso, muchos hogares nunca son conectados a la red o no se reparan las tuberías rotas, con lo que hay una gran fuga de agua que se filtra en la tierra.

SIN AGUA, FALTA
LA BASE DE LA SUBSISTENCIA.

Si los campos no pueden regarse
suficientemente, se reduce más la cosecha.

Entonces, los precios de los
alimentos se encarecen. No
solamente los que han sido
sembrados, sino todos: el ganado
necesita también pienso y si su
plantación es mala o cara, los
precios también suben para
productos animales (huevos,
leche, carne).

Sin embargo, con frecuencia, se encarecen también otras cosas que las personas necesitan o quieren tener.

Para muchas personas, eso significa que no ganan suficiente dinero con su trabajo para alimentarse y alimentar a su familia.

Cuando el agua es tan escasa, con frecuencia se producen conflictos. Por ejemplo, entre países vecinos que se abastecen de agua del mismo río y se enfrentan sobre a quién le corresponde el agua y cuánta.

La mayoría de las personas aman a su patria. Pero si las condiciones de vida en ella se vuelven demasiado malas, tienen que marcharse y buscar otro lugar donde puedan vivir seguras con sus familias.

DE VIAJE POR EL AGUA.

Muchas cosas que utilizamos diariamente son transportadas para nosotros desde muy lejos. La mayoría de ellas son enviadas por barco alrededor del mundo. La clásica **ruta marítima** lleva desde Asia hasta los puertos más grandes de Europa (Hamburgo, Rotterdam o Amberes).

PORTACONTENEDORES

Un portacontenedores necesita para ese viaje, con las mejores condiciones atmosféricas, aproximadamente un mes. Los gases de combustión contaminan enormemente el medio ambiente. La mayoría de los barcos de transporte marítimo consumen aceite pesado y expulsan al aire mucho hollín y azufre, que son dañinos para la salud. Muchos cascos de buques están recubiertos de laca para protegerlos de pequeños animales acuáticos. Con el tiempo, esa laca se desprende dejando rastros contaminantes en los mares.

Frecuentemente, los barcos traen "polizones". Por lo general, son animales que se han fijado en el casco del barco o, sin ser descubiertos, llegan a nosotros con la mercancía.

En el futuro, quizá las rutas marítimas sean más cortas. Si el hielo en el Polo Norte se derrite, debido al cambio climático, los barcos podrían escoger la ruta a través del Ártico y llegar diez días antes a su destino. Con ello, ciertamente, la duración de la travesía sería más corta. Pero sin el hielo, el clima cambia en todo el mundo.

El sueño de llegar a Asia a través del extremo norte es viejo. Por primera vez lo consiguió en 1879 el noruego Adolf Erik Nordenskiöl, aunque quedó atrapado en la banquisa y tuvo que pasar allí el invierno.

PELIGRO EN ALTA MAR.

En los siglos XVII y XVIII, los **piratas** navegaban frecuentemente bajo falsa bandera para poder acercarse a otros barcos sin ser detectados y, sólo poco antes de abordarlos, izaban la bandera pirata con la calavera y las tibias para atemorizar a sus víctimas.

Más tarde continuó habiendo piratas, pero cada vez menos. Por un lado, a partir del siglo XIX, la mercancía era transportada casi siempre en barcos a vapor cada vez más rápidos, que ya no resultaban tan fáciles de asaltar. Además, hasta bien entrado el siglo XIX, se podía matar a los piratas en el mar en cualquier momento.

¡AHORA ES DEMASIADO ARRIESGADO!

Desde hace unos pocos años, vuelve a haber más piratas. Por ejemplo, en Somalia (África), donde desde hace años hay una guerra civil. Allí, las personas apenas si encuentran trabajo. Con ello, a muchos les falta la base para poder vivir. Incluso los pescadores no tienen trabajo porque las aguas costeras, entre tanto, han sido esquilmadas de pescado. Algunas personas ven como su única salida el asalto a barcos extranjeros.

EL AGUA TAMBIÉN PUEDE SER UNA AMENAZA.

Durante mucho tiempo, se consideraban tonterías las historias que se contaban sobre **olas monstruosas** en mar abierto. Hoy se sabe: existen de verdad y pueden alcanzar la altura de un edificio de varios pisos. En 1995, una ola de 33 metros de altura dañó seriamente el crucero Queen Elisabeth 2. Por suerte, no hubo víctimas.

Los **tsunamis** son provocados por terremotos marítimos y las olas desatadas se van elevando según se aproximan a la orilla. Con una gigantesca fuerza, el agua entra en la tierra e inunda todo. Al retroceder el agua, arrastra con ella las casas derruidas, coches, pero también personas y animales. Un tsunami especialmente terrible golpeó las costas de Asia en el año 2004 y mató a más de 231 000 personas.

Si durante la pleamar muchos vientos impulsan mucha agua en dirección a la costa, se forman **mareas excesivamente altas**. Son tan destructivas que pueden romper los diques de contención e inundar la tierra. Hace mucho tiempo hubo una pleamar especialmente grave en el Mar del Norte: "Die Grote Mandränke" (El Gran Ahogamiento) destruyó en el año 1362 islas y gran parte de la costa. Desaparecieron docenas de aldeas y hubo decenas de miles de muertos.

También los ríos pueden provocar inundaciones, debido, por ejemplo, a que se deshiele mucha nieve o caigan tempestuosas lluvias durante un tiempo prolongado. A las inundaciones inesperadas se las llama **inundaciones repentinas**. Estas se dan, por ejemplo, cuando se rompe un dique natural de un lago glaciar. Entonces se desliza hacia el valle un raudal de miles de toneladas de agua y cantos.

Incluso un poco de agua puede volverse peligrosa: De pronto, en invierno, se hiela la lluvia reciente formando hielo negro sobre el asfalto. En pocos segundos, una carretera, el suelo, se puede transformar en una pista de patinaje.

LAS PERSONAS CAMBIAN LOS MARES.

Nuevos métodos de captura han llevado a una **sobrepesca** en todo el mundo. Por eso, en algunos lugares apenas si hay peces.

A causa de la agricultura, el **abono** que llega al mar hace crecer con fuerza a las algas. Al morir éstas, son descompuestas por bacterias, que, a su vez, consumen oxígeno. Así se forman gigantescas zonas casi exentas de oxígeno, en las que solamente pueden sobrevivir unos pocos animales. Porque también los seres vivos bajo el agua necesitan oxígeno.

Los océanos absorben una parte de los gases dañinos que las personas ocasionan debido a la industria y al transporte, lo que hace que los mares se vuelvan ácidos. Esto ataca a muchos organismos. Los peces pierden su base de alimento y mueren de hambre. Además, el agua ácida corroe el esqueleto de cal de los corales y, de esta forma, los destruye.

MUCHA BASURA ACABA EN EL MAR.

No hay plantas de tratamiento de aguas residuales en todas partes del mundo ni una recogida de basura organizada. Especialmente a través de grandes ríos como el Yangtsé en China o el Ganges en la India llega mucha basura al mar. La mayoría es **plástico**.

Los peces y las aves marinas confunden, a veces, los trozos de plástico con alimentos y se los tragan. En los casos más graves, mueren de hambre pese a a que su estómago está lleno.

Las **redes de pesca**, las llamadas redes fantasma, que los pescadores ya no utilizan, flotan en el mar. Tortugas, ballenas, delfines y tiburones se enredan en ellas y mueren de **forma miserable**.

Hasta que el plástico termina completamente disuelto, pueden pasar cientos de años. Vientos y corrientes dispersan la basura por todos los mares del mundo, pero, aun así, terminan agolpándose en cinco gigantescos **remolinos de basura**. El mayor de ellos es aproximadamente tan grande como media Europa.

MICROPLÁSTICO

as partículas de plástico más pequeñas)

Muchos materiales de plástico contienen **veneno**. También éste llega al agua. Peces y otros animales marítimos lo ingieren y, finalmente, también nosotros cuando esos animales terminan en nuestro plato.

69

EL HOMBRE INFLUYE INCLUSO EN LAS PROFUNDIDADES DEL MAR.

A partir de una profundidad de 200 metros comienza el **mar profundo**. Ofrece el espacio de vida más grande de nuestro planeta. Aun así, pertenece a las pocas zonas de la Tierra menos investigadas.

El lugar más profundo de la Tierra es la **Fosa de las Marianas**. Se extiende a lo largo del oeste del Océano Pacífico y tiene unos 2400 kilómetros de longitud y 11 000 metros de profundidad. Incluso en esas profundidades, los científicos encontraron rastro de los hombres: microplástico.

MICROPLÁSTICO

SUBMARINO DE
AGUAS PROFUNDAS

A pesar de que a partir de los 1000
metros de profundidad no llega ningún
rayo de luz, aquí hay vida. Sin embargo,
el mar profundo es un espacio de vida
muy pobre y escasamente habitado.
Los seres de las profundidades de los
mares se han adaptado a su espacio
vital. A partir de una profundidad de
700 metros, nueve de cada diez seres
vivientes tienen luz propia, que atrae a
las presas y a su pareja y confunde a sus
enemigos.

ROBOT DE
PROFUNDIDADES

El mar profundo está en peligro: en
el fondo marino hay importantes
materias primas. Algunas empresas ya
estudian la posibilidad de excavaciones
de minerías en las profundidades.
Las primeras pruebas muestran que
se destruiría mucho espacio vital.
Otra consecuencia de la minería en
las profundidades del mar podría ser
la liberación no deseada de grandes
cantidades de gases, que ascenderían
a la superficie y, con ello, acelerarían el
cambio climático.

EL CLIMA CAMBIA.

La Tierra está rodeada de una envoltura protectora, la atmósfera, que funciona como un invernadero, cuyos frontales transparentes permiten la entrada de la luz del Sol, pero retienen el calor. Ese fenómeno se llama efecto invernadero. El gas de efecto invernadero más importante es el vapor del agua, que se forma cuando el agua, debido a la radiación solar, se evapora y asciende.

ATMÓSFERA

¡LA ATMÓSFERA ES MUY IMPORTANTE!

Sin ese invernadero natural, la temperatura de la corteza terrestre sería, en término medio, de -18 grados Celsius. Gracias a la atmósfera, es, en término medio, de +15 grados Celsius.

Desde hace unos años, los científicos observan un efecto invernadero adicional ocasionado por el hombre: las personas queman materia prima como petróleo y se hacen con nuevos terrenos de cultivo quemando los bosques. Así, llegan más gases a la atmósfera intensificando el efecto invernadero natural. Retienen todavía más la irradiación de calor y la superficie se calienta. Este cambio climático tiene muchas consecuencias para el futuro.

LAS SEQUÍAS Y LAS TEMPESTADES SERÁN MÁS INTENSAS.

Se supone que en países con abundancia de agua lloverá todavía más. Por el contrario, los países con poca agua tendrán todavía menos.

Hoy ya, en muchas regiones, las personas viven graves periodos de sequía. En estos casos, no llueve durante un largo periodo de tiempo y se pierden las cosechas. Desde siempre, las sequías han llevado a las hambrunas. En el futuro, eso sucederá con más frecuencia.

Las personas en la India ya notan hoy las consecuencias del cambio climático. El periodo de lluvia comienza más tarde y es menos intenso que antes. Con ello, los depósitos del agua subterránea y las cuencas de agua dulce no se llenan de nuevo.

Las cosechas se pierden porque los campos no reciben suficiente agua.

En algunas zonas de la capital, Delhi, el nivel del agua subterránea desciende dos metros cada año.

EL CAMBIO CLIMÁTICO TRAE TAMBIÉN INUNDACIONES.

Si después de una sequía cae una fuerte lluvia, los suelos están tan secos que inicialmente apenas si pueden absorber el agua. A una sequía, le sigue una inundación. También las inundaciones destruyen cosechas.

Muchos glaciares se deshielan en todo el mundo debido al calentamiento de la Tierra. Las personas que viven junto a ríos de montaña, cuyas casas quedan por debajo del nivel de la capa de hielo, tienen que vérselas, cada vez con más frecuencia, con crecidas e inundaciones. En algún momento, sin embargo, el flujo del agua se agotará porque el agua deja de fluir. Entonces, aparece un nuevo problema de sequía.

El nivel del mar sube cada vez más. Zonas costeras desaparecen bajo el agua. El presidente de Indonesia ha anunciado que su país quiere trasladar la capital. La actual, Yakarta, se encuentra parcialmente bajo el nivel del mar. Expertos consideran posible que se hunda completamente en los próximos decenios. A causa de los cambios que origina el cambio climático, en el futuro mucha gente tendrá probablemente que abandonar su país.

POR SUERTE, LAS PERSONAS SON CREATIVAS.

Los países ricos ya construyen hoy diques para proteger a sus habitantes de la subida del nivel del mar.

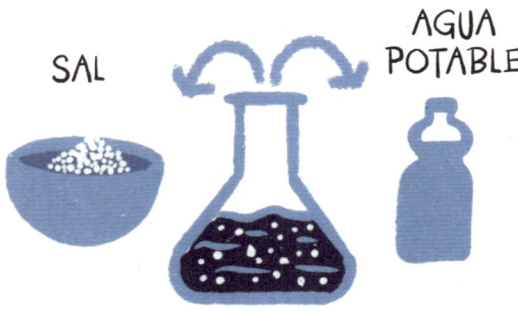

SAL

AGUA POTABLE

AGUA SALADA DEL MAR

Los países costeros desalinizan el agua del mar para que las personas no dependan de la lluvia. Sin embargo, ese proceso de desalinización es caro y consume mucha energía.

Los ecólogos e ingenieros agrónomos desarrollan plantas de campo que apenas necesitan agua.

Las aguas residuales perfectamente depuradas podrían ser de nuevo inmediatamente utilizadas. En la estación espacial internacional ISS ya funciona así. Allí, el agua es tan escasa que incluso el pipí es de nuevo depurado como agua potable.

En las regiones pobres de agua, las personas construyen instalaciones en las que se puede almacenar y guardar el agua de la lluvia.

Los ingenieros trabajan en sistemas de riego en los que apenas se pierde agua.

LA FUERZA DEL AGUA ES UNA POSIBILIDAD DE GENERAR CORRIENTE ELÉCTRICA LIMPIA.

"Limpia" significa que para su fabricación apenas si se utilizan materias primas y no es expulsado a la atmósfera ningún gas contaminante. La fuerza hidráulica cubre, a nivel mundial, aproximadamente un 15% de la demanda de electricidad, para lo que se utilizan diversas técnicas:

Las **centrales hidroeléctricas** aprovechan el agua de los ríos para generar electricidad. Su rendimiento depende de la cantidad de agua corriente y es relativamente constante. Así pues, no son indicadas para la compensación si, de pronto, se necesita más corriente.

Las **plantas de almacenamiento de energía** pueden compensar esas oscilaciones. Para una planta de almacenamiento de energía, se embalsa un río y se forma un pantano. A través de tuberías, el agua fluye hacia abajo y, con ello, impulsa una turbina que está conectada a un generador. En el generador, el movimiento es transformado en electricidad, que, seguidamente, es transferida a una red de distribución.

Sin embargo, los **pantanos** requieren intervenciones masivas en la Naturaleza. Extremadamente discutida fue la construcción del Embalse de las Tres Gargantas en China. Mide aproximadamente dos kilómetros de longitud y 180 metros de altura, más alto que la catedral de Colonia.

El lago formado mide más de 600 kilómetros de longitud, que supone la distancia entre Múnich y Hamburgo.

Todas las aldeas y ciudades que estaban ubicadas donde ahora se encuentra el embalse, fueron inundadas. Más de un millón de personas tuvieron que abandonar sus casas y mudarse a otros lugares. Y fue destruido el espacio vital de muchos animales y plantas. Es la parte más negativa de esta forma de energía "limpia".

LAS MAREAS Y LAS OLAS PUEDEN TAMBIÉN GENERAR ELECTRICIDAD.

En las costas del Mar del Norte el agua sube y baja de dos a cuatro metros en pocas horas. En la Bay of Fundy, en la costa atlántica canadiense, la diferencia supera los diez metros.

Para la aparición de la **marea alta** y la **marea baja** son necesarias dos fuerzas:

Si una manzana se desprende del árbol, cae hacia abajo debido a la **fuerza de gravedad**.

La **fuerza centrífuga** la notamos, por ejemplo, en el carrusel, al empujarnos hacia fuera.

La marea alta y la marea baja se forman porque la Luna, con su **fuerza de gravedad**, atrae el agua de la Tierra en su dirección. Así se forma lo que se denomina pico alto de marea (pleamar). Pero, a la vez, la Tierra no está inmóvil, sino que gira: así se forma en la cara de la Tierra oculta a la Luna un segundo pico alto de marea a causa de la **fuerza centrífuga**. Entre ambos picos altos de marea se forman las mareas bajas (bajamar).

FUERZA DE GRAVEDAD

BAJAMAR

FUERZA CENTRÍFUGA

LUNA

TIERRA

PLEAMAR

En las costas de los grandes mares, esto conduce a movimientos permanentes: el agua fluye alternativamente hacia arriba y hacia abajo. Los ingenieros utilizan esas corrientes para plantas de energía mareomotriz. De manera natural, las palas del rotor se ponen en movimiento bajo el agua. Un generador transforma esa energía en electricidad.

ENERGÍA

MUCHAS PROFESIONES TIENEN QUE VER CON EL AGUA.

Todas las profesiones pueden ser ejercidas por mujeres y hombres.

Los **profesores de natación** enseñan a nadar a niños y, en ocasiones, a adultos.

Los **socorristas** están atentos para que no le pase nada a nadie en la piscina.

Los **ingenieros hidráulicos** son los encargados de la construcción de obras que tienen que ver con el agua. Pueden ser centrales de abastecimiento de agua, depuradoras, pero también puertos o pantanos.

Los **obreros de la canalización** se encargan de tender las conducciones de desagües y examinan y reparan las existentes.

Los **controladores del agua** dirigen y controlan la depuradora para que todos estén abastecidos con agua potable.

Los **bomberos** tienen que ver de muchas formas con el agua: apagan fuegos, sacan el agua de sótanos y subterráneos inundados, colocan sacos de arena como protección ante inundaciones y salvan a personas y animales en peligro.

Los **limnólogos** investigan lagos y ríos.

El mismo perfil profesional existe, naturalmente, en el mar: **biólogos marinos**.

Por lo general, los **pescadores** se hacen a la mar de madrugada para recoger las redes.

Los **estibadores** cargan y descargan barcos, camiones y vagones en el puerto.

Las plantas envasadoras de agua mineral trabajan casi automáticamente. Los **técnicos** se ocupan de que el llenado de botellas se realice sin interrupción.

Los **marineros** realizan todos los trabajos que se presentan en un barco.

Los **capitanes** dirigen los barcos, que pueden ser grandes cargueros con mercancías de todo el mundo, cruceros con miles de turistas o también pequeños barcos de excursionistas.

AHORRAR AGUA EN CASA.

El agua es valiosa. Es de sensatos ser conscientes de ello. En todo el mundo.

Mejor ducharse en lugar de bañarse –botón de ahorro en la ducha, alcachofa de ducha por goteo, utilizar el limitador del chorro, que introduce aire en el agua y, con ello, aumenta la presión del agua.

Al lavarse las manos y ducharse, cerrar el grifo mientras te enjabonas.

Reparar lo antes posible el grifo que gotea, la cisterna rota y la pérdida de agua en la manguera de la ducha.

GÁRGARAS

Utilizar un vaso de lavarse los dientes para enjuagarse y no dejar abierto el grifo.

Utilizar el botón de ahorro de agua en la taza del váter.

PERO SI SON MIS CALCETINES FAVORITOS...

Llenar siempre la lavadora.

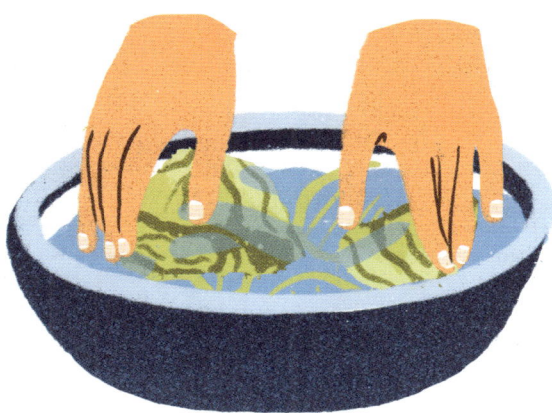

Lavar la fruta, verdura y ensaladas en una fuente y no bajo el chorro del agua.

Aquellos que disponen de un jardín pueden recoger el agua de lluvia en un tonel y utilizarla para el riego de las plantas.

ÖKO

Utilizar el lavavajillas y la lavadora en modo ecológico.

Si los aparatos se rompen, al comprar nuevos, elegir aquellos que ahorren agua y energía.

COMPRAR CONSCIENTEMENTE AHORRA AGUA.

Se debe comprar, en lo posible, fruta y verdura de temporada. Esto es, cuando crecen. Además, se debería comprar alimentos que proceden de la región. Regla de oro: cuanto más corta sea la distancia de transporte, más se protege el medio ambiente. Además, muchas frutas de los supermercados, que nos resultan familiares, proceden de lugares en los que, de todas maneras, hay poca agua a disposición.

Lamentablemente, es casi imposible comprar exclusivamente artículos del país. Pero cada uno se puede preguntar si verdaderamente necesita comprar tanto: ¿la tercera camiseta blanca, de nuevo más rotuladores, todavía más juegos? Compra únicamente cosas que te alegren durante mucho tiempo. Algunas es posible adquirirlas usadas en el mercadillo o a través de pequeños anuncios.

EH, ¿ME LOS PUEDES PRESTAR DESPUÉS?

¡CLARO!

BIBLIOTECA

Los libros también se pueden dejar a otros y ser utilizados varias veces, porque para su fabricación también se necesita agua.

LA PROTECCIÓN DEL SUELO ES TAMBIÉN PROTECCIÓN DEL AGUA POTABLE.

La mayor parte del agua potable la obtenemos de las aguas subterráneas. Pero, a través de los suelos, pueden llegar sustancias tóxicas a esas aguas.

Comprar fruta, verdura, huevos, aves y carne de las explotaciones ecológicas, porque en la agricultura ecológica están prohibidos tanto los herbicidas como determinados fertilizantes.

No arrojar nunca medicamentos, laca, pintura, pilas u otros residuos en el váter. Las depuradoras no pueden eliminar completamente las sustancias químicas ni los medicamentos. Las farmacias recogen los medicamentos caducados o no utilizados. Las lacas y pinturas hay que depositarlas en los contenedores de residuos especiales. Las pilas y baterías se pueden entregar, por ejemplo, al vendedor y en muchas droguerías y tiendas de materiales diversos.

Los bocadillos están bien protegidos en un táper, sin necesidad de envolverlos en celofán.

Renunciar en tu propio jardín a herbicidas y utilizar poco los fertilizantes.

Lavar el coche únicamente en instalaciones automáticas.

Utilizar preferentemente envases de productos de lavado y limpieza que no estén envasados en plástico.

Muchos plásticos terminan en el mar. Para evitar que sigan acumulando basura, tenemos que utilizar menos plástico. Comprar, en lo posible, frutas y verduras sin empaquetar y usar bolsas de la compra reutilizables.

Pronto estaremos enterrados en la basura.
¿Por qué?

Gerda Raidt

Basura

Todo sobre la cosa más molesta del mundo

96 páginas
978-84-120521-3-8
www.loguezediciones.es

¡Destapa el cubo, arroja dentro los desechos y ya no hay basura! Los niños saben muy bien que las cosas no son tan sencillas. Han oído hablar de montañas gigantes de residuos y de islas de plástico en el mar. Están preocupados. Y quieren hacer algo al respecto. Gerda Raidt anima a los niños a participar activamente. Con muchas imágenes y textos, la autora describe a dónde van los desperdicios cuando los recogen los camiones de la basura, por qué viajan alrededor del mundo e incluso se mueven velozmente por el espacio, por qué producimos toneladas de residuos y cómo podemos cambiar las cosas empezando por nosotros mismos.

¿Se está volviendo el clima más cálido? ¿Puedes sentir la diferencia de un grado?

Kristina Scharmacher - Schreiber
Stephanie Marian

¿Cuánto calor es 1 grado más?

¿Qué pasa con el cambio climático?

96 páginas
978-84-120521-8-3
www.loguezediciones.es

Los niños quieren entender lo que significa el cambio climático. Con imágenes descriptivas y textos cortos se explican las conexiones: ¿Por qué hay diferentes zonas climáticas en la Tierra? ¿Cómo afecta el efecto invernadero? ¿Cómo se sabe cómo era antes el clima? También muestra cómo nuestras acciones afectan al clima en la vida cotidiana. ¡Y cómo todos podemos proteger la Tierra!